Frauke Nahrgang

Das verzauberte Amulett

Mit Bildern von Timo Grubing

Ravensburger

Bibliografische Information der Deutschen Nationalbibliothek:

Die Deutsche Nationalbibliothek verzeichnet diese Publikation in der Deutschen Nationalbibliografie. Detaillierte bibliografische Daten sind im Internet über http://dnb.d-nb.de abrufbar.

5 7 6 4

© 2016 für die Originalausgabe
Ravensburger Verlag GmbH
© 2020 für die Ausgabe in Einfacher Sprache
Postfach 24 60, 88194 Ravensburg
Text in Einfacher Sprache: Yvette Wagner
Umschlagbild: Timo Grubing
Konzept Leserätsel: Dr. Birgitta Reddig-Korn
Design Leserätsel: Sabine Reddig
Printed in Germany
ISBN 978-3-473-36139-7

www.ravensburger.de

Auf der Flucht

Es ist früh am Morgen und Frido sitzt vor seiner Höhle. Frido ist ein Kobold. Er wohnt in einem hellen Wald. Die Sonne lässt die Bäume wie Silber glänzen.

Deshalb heißt der Wald Silberwald. Oben im Baum sitzt die Elster. Sie krächzt: „Frido, ich muss dir was erzählen."

Die Elster flattert auf seine Schulter und flüstert: „Ich muss dich warnen. Also, hör zu …!" Doch plötzlich schlägt sie mit den Flügeln. Die Elster schreit: „Ich hab nichts gesagt, gar nichts!" Dann fliegt sie davon.

Merkwürdig! Aber Frido kann sich nicht lange darüber wundern, denn eine Fee kommt zu ihm. Sie sagt: „Guten Morgen, mein lieber Frido!"
Fridos Herz klopft. Feen sind etwas ganz Besonderes!

Die Fee stellt sich vor: „Ich bin Fee Mag·no·lia. Kennst du Zauberer Brandur?"
Frido kann nicht sprechen, denn er ist so aufgeregt. Er nickt nur. Natürlich kennt er Zauberer Brandur. Jeder kennt ihn. Brandur ist ein guter Zauberer. Er hilft sofort, wenn jemand Sorgen hat oder in Not ist. Die Fee fragt: „Tust du mir einen Gefallen?" Frido nickt wieder. Die Fee zeigt Frido ein Amulett. Es lässt sich öffnen. Im Amulett ist ein Bild der Fee.

Auf dem Bild lächelt sie. Das Amulett hängt an einer Kette. Die Fee sagt: „Lauf zum Zauber·schloss! Bring dem Zauberer dieses Schmuck·stück!

Brandur ist in Gefahr. Nur mein Bild kann ihn beschützen."
Frido steckt das Amulett in die Hosentasche. Die Fee fordert: „Der Zauberer muss die Kette um den Hals tragen, bevor die Sonne untergeht. Wenn du zu spät kommst, ist Brandur verloren." Frido geht sofort los. Da hört er jemanden lachen. Etwa die Fee Magnolia?
Nein, unmöglich! Das Lachen klingt kalt und böse. Frido denkt: Sicher habe ich mich getäuscht.

Der Weg zum Zauberschloss führt durch den Silberwald. Dann muss Frido durch einen dunklen und gefährlichen Wald, den Finster·tann. Zuletzt muss er durch die großen Berge, die Zacken·gebirge heißen. Plötzlich fliegt etwas über ihm.

Der Himmel wird ganz dunkel.
Frido stellt sich unter einen
großen Baum. Jetzt sieht er,
was über ihm fliegt: Es ist ein
Drache.
Der Drache redet mit sich
selbst:

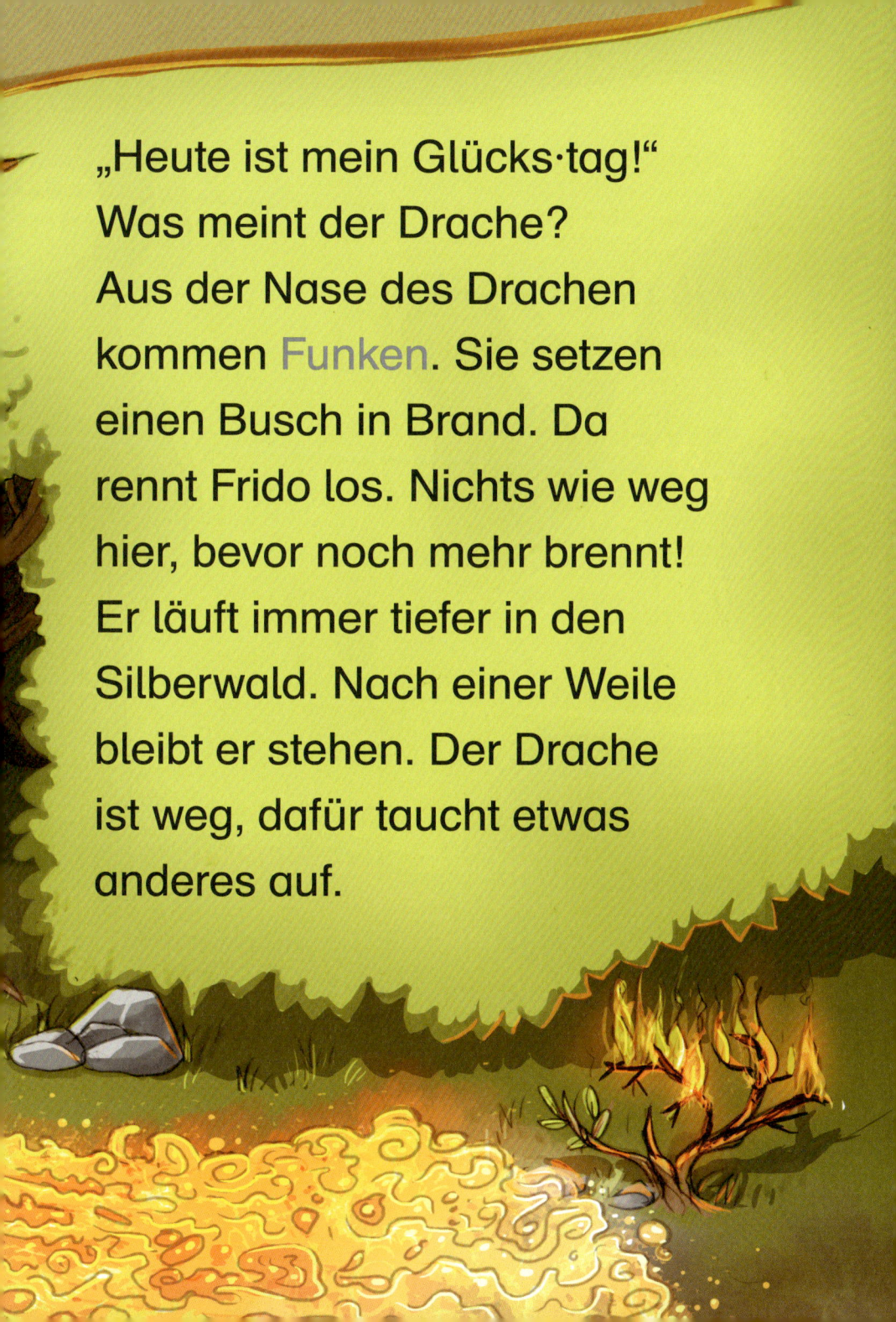

„Heute ist mein Glücks·tag!"
Was meint der Drache?
Aus der Nase des Drachen kommen Funken. Sie setzen einen Busch in Brand. Da rennt Frido los. Nichts wie weg hier, bevor noch mehr brennt! Er läuft immer tiefer in den Silberwald. Nach einer Weile bleibt er stehen. Der Drache ist weg, dafür taucht etwas anderes auf.

Alva

Kröten! Viele Kröten sind rund um Frido. Sie sind aufgeregt und quaken: „Rette uns vor ihr!" Jetzt sieht Frido eine Elfe. Sie steht mitten zwischen den Kröten.
Die dickste Kröte sagt zu Frido: „Diese Elfe will uns küssen!"

Die Elfe erklärt: „Ich versuche, Prinzen aus ihnen zu machen. In jedem kann ein Prinz stecken. Das weiß man erst, wenn eine Elfe wie ich denjenigen geküsst hat."

Die Kröten jammern: „Wir wollen aber keine Prinzen werden!"

Frido kann den Kröten nicht helfen, denn er hat keine Zeit.
Aber die Kröten lassen ihn nicht vorbei.
Also fragt Frido: „Was kann ich tun?"
Die Kröten quaken: „Nimm sie mit! Weit weg!"
Die Elfe meint: „Dann gehe ich eben!"

Nun lassen die Kröten Frido durch.
Frido will schnell weiter.
Die Elfe läuft neben ihm her –
das gefällt Frido nicht.

Nach einer Weile fragt er:
„Warum gehst du nicht endlich deinen eigenen Weg?"

Sie antwortet: „Ich gehe mit dir, weil wir jetzt Freunde sind. Ich heiße Alva."

Frido merkt, dass er sie nicht loswird. Dann fragt Alva, warum er es eilig hat.

Frido erklärt: „Ich habe einen Auftrag von der Fee Magnolia. Das ist ein Geheimnis."

Alva bittet: „Sag mir das Geheimnis! Ich erzähle es auch nicht weiter."

Frido sagt: „Nein!"

Alva meint dann: „Ich kriege es sowieso raus, wetten? Außerdem kenne ich keine Fee Magnolia. So eine Fee gibt es nicht."

Frido ärgert sich. Er holt das Amulett hervor und sagt: „Schau doch selber!" Er zeigt Alva das Bild.

Auf dem Bild strahlt Magnolia nicht mehr. Sie schaut nun streng. Das ist wohl so, weil Frido nicht schnell genug beim Zauberer Brandur ankommt.

In Not

Der Umweg zu den Kröten
hat lange gedauert. Endlich
erreichen sie den Finstertann.

Dieser Wald wirkt dunkel und unheimlich, deshalb geht Frido schneller. Aber Alva braucht eine Pause und bleibt stehen.

Plötzlich schreit sie: „Hilfe!"
Frido dreht sich um. Eine
Schling·pflanze mit Dornen!

Sie kommt aus dem Busch und schlingt sich um Alva.
Was soll er nur tun? Frido muss sich beeilen. Aber was wird aus Alva, wenn er ihr nicht hilft? Er holt das Amulett hervor und sieht das Bild an. Magnolia droht mit dem Finger. Das kann nur eins bedeuten: Zuerst muss Frido seinen Auftrag erfüllen.

Aber die Pflanze schlingt sich immer fester um Alva. Die Elfe bekommt kaum noch Luft.
Frido muss helfen!
Er kämpft mit der Pflanze und kann sie schließlich aus dem Busch reißen. Nun ist die Schlingpflanze tot und Frido befreit Alva.

Die Rettung hat wieder viel Zeit gekostet. Beide laufen weiter und kommen zum Zackengebirge.

Hier müssen sie durch ein enges Tal. Auf dem schmalen Weg verliert Frido den Halt. Er rutscht ab und stürzt in die Tiefe.

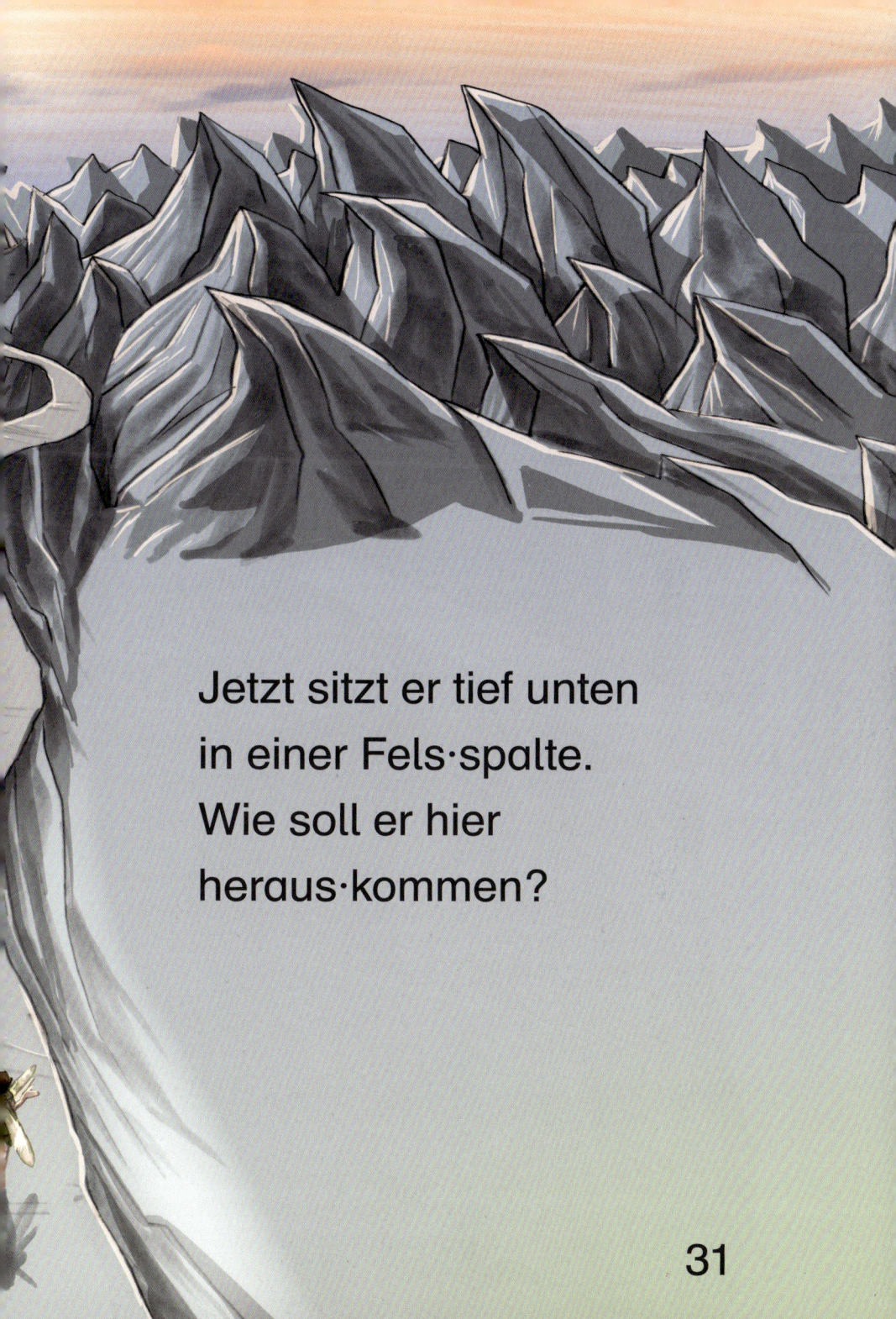

Jetzt sitzt er tief unten
in einer Fels·spalte.
Wie soll er hier
heraus·kommen?

Er zieht das Amulett hervor und öffnet es. Auf dem Bild sieht Magnolia nun wütend aus. Frido ist verzweifelt, aber da hat er eine Idee. Er ruft nach oben zu Alva: „Du hast die Wette gewonnen, dass du mein Geheimnis heraus·bekommst. Hör zu!"

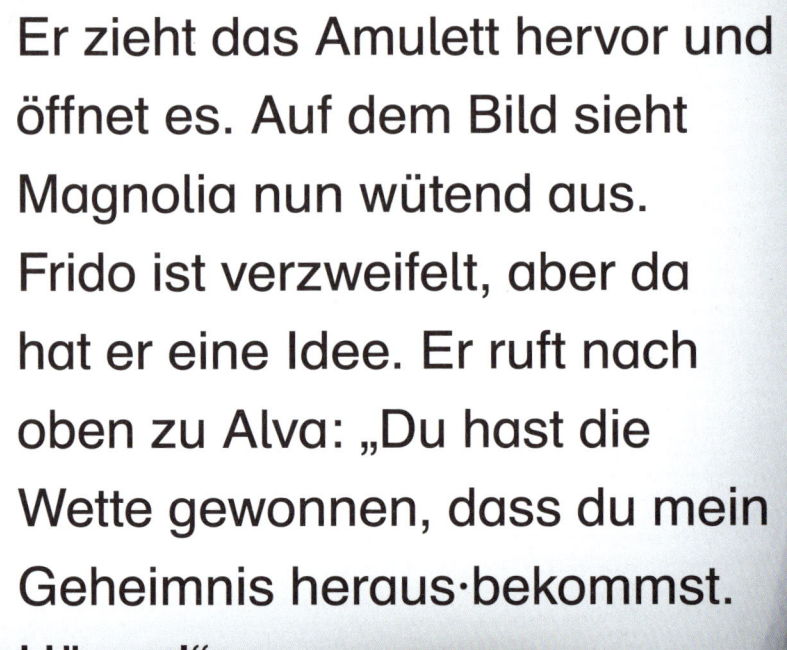

Frido erzählt von seinem Auftrag. Dann wirft er die Kette mit dem Amulett nach oben. Alva soll damit zum Zauberschloss.

Sie will das machen, aber zuerst möchte sie Frido retten. Oje! Sie versteht nicht, wie wichtig der Auftrag ist. Schon ruft sie um Hilfe.

Da rauscht etwas durch die Luft. Eine Stimme sagt:
„Mein Glückstag! Ich habe es doch gewusst!"
Da ist er wieder – der Drache.

Merkwürdige Begegnungen

Der Drache landet, schnappt Frido und zerrt ihn nach oben. Dann stehen Frido und Alva dem Drachen gegenüber. Der Drache meckert: „Los, kämpf mit mir!"

Wieso will der Drache kämpfen? Doch da hört Frido die Elster. Sie sagt: „Gold·schnuppe! Schau doch mal, wer vor dir steht."

Der Drache ist verwirrt. Er meint: „Wer vor mir steht? Ein Prinz und seine Prinzessin! Was denn sonst?"

Die Elster kichert: „Das sind Frido und die Elfe Alva. Erkennst du sie nicht?"

Der Drache motzt: „So ein Pech! Alle anderen Drachen kämpfen mit Prinzen. Nur ich erwische nie welche."

Frido will endlich weiter zum Zauberschloss. Er hat es furchtbar eilig!
Da ruft die Elster: „Warte! Geht nicht!" Dann flüstert sie leise: „Der Zauberer ist in Gefahr."

Alva mischt sich ein: „Deshalb bringen wir ihm die Kette, die ihn beschützt. Fee Magnolia schickt sie ihm."

Die Elster erschrickt: „Fee Magnolia!" Dann macht die Elster nur noch „hmp, hmp".
Was meint sie damit?
Da fliegt sie davon.

Ein richtiger Glückstag

Der Drache Goldschnuppe will mit Frido und Alva zum Zauberschloss fliegen. Beide klettern auf seinen Rücken und los geht's.

Schon bald landen sie am
Zauberschloss.
Der Zauberer kommt ihnen
entgegen.

Brandur ruft: „So eine Überraschung! Ich liebe Besuch!" Brandur geht es gut. Sind sie noch rechtzeitig gekommen?

Frido hält dem Zauberer die Kette hin und sagt: „Sie ist ein Geschenk der Fee Magnolia."
Der Zauberer überlegt: „Fee Magnolia? Die kenne ich nicht."
Frido sagt: „Aber die Fee kennt dich! Diese Kette soll dich beschützen. Zieh sie an, ehe es zu spät ist."

Brandur nimmt die Kette.
Langsam öffnet er das Amulett.
Da geht gerade die Sonne
unter. Brandur meint: „Wen
haben wir denn da? Hexe
Alrauna! Schau selbst!"

Er hält Frido das Amulett hin.
Das Bild sieht ganz anders aus.
Da ist keine freundliche Fee
mehr, sondern eine wütende
Hexe.

Der Zauberer erklärt: „Es war ein Trug·bild. Ein Trugbild, das mit der Sonne verschwindet. Die Sonne ist unter·gegangen und Alrauna zeigt ihr wahres Gesicht."
Magnolia? Alrauna? Frido versteht das nicht.

Der Zauberer sagt: „Alrauna ist eine besonders böse Hexe. Sie wollte mir schon oft etwas antun. Zum Glück bist du nicht früher gekommen, sonst wäre die Sonne noch am Himmel. Dann wäre auf dem Bild eine zauberhafte Fee. Ich hätte mir die Kette sofort umgehängt. Schwupp, wäre es passiert! Von da an hätte ich alles tun müssen, was die Hexe befiehlt – auch bösen Zauber."

In dem Moment kommt
die Elster. Sie kann wieder
sprechen und schnattert los:

„Alrauna hat sich sehr aufgeregt, weil ihr Plan nicht geklappt hat. Sie ist auf ihren Besen gestiegen und weg war sie."

Die Elster berichtet, dass sie Alrauna belauscht hat. „Als ich euch alles verraten wollte, hat sie meinen Schnabel verhext."

Brandur sagt: „Frido hat uns gerettet, weil er nicht schnell genug war. Wir haben die Wahrheit erfahren, weil die Sonne schon untergegangen ist." Wirklich? Aber dann hat Frido dieses Lob nicht allein verdient.

Er sagt: „Meine Freunde haben mir geholfen."

Goldschnuppe fragt: „Wir sind Freunde? Freunde sind besser als Prinzen und Prinzessinnen. Ich hatte also recht! Heute ist ein Glückstag!"

Alva jubelt: „Finde ich auch."
Sie umarmt Frido und gibt ihm einen Kuss.
Ach du Schreck! Frido denkt an die Kröten, die Angst vor Alvas Küssen hatten. Verwandelt er sich jetzt in einen Prinzen?
Alva lacht: „Keine Sorge. In dir steckt kein Prinz. Du wirst keiner, wenn ich dich küsse. Du bist ein echter Kobold."
Wirklich? Wenn das so ist, ist heute auch Fridos Glückstag.

Glossar

Kobold
kleines, lustiges Wesen

Silberwald
ein ruhiger und friedlicher Wald

krächzen
mit einer rauen Stimme sprechen

einen Gefallen tun
jemandem helfen

Amulett
Anhänger, der Unheil abwenden und Glück bringen soll

Finstertann
ein dunkler Wald mit gefährlichen Pflanzen

Zackengebirge
viele Berge, durch die man nur auf einem einzigen Weg gehen kann

Funken
glühende Teilchen

Alva
sprich: Alwa

Schlingpflanze
Pflanze, die sich um etwas wickelt

Trugbild
Bild, das den Betrachter täuscht

Leserätsel

Die wichtigsten Fragen zur Geschichte:
Wer · Was · Wo · Wie · Warum

Wer bringt das Amulett zu Frido?
- ☐ Zauberer Brandur   **T**
- ☒ Fee Magnolia   **F**

Was muss Frido tun?
- ☒ Das Amulett vor Sonnenuntergang zu Brandur bringen.   **R**
- ☐ Das Amulett nach Sonnenaufgang zu Brandur bringen.   **A**

Wo wohnt Brandur?
- ☒ Beim Zackengebirge.   **I**
- ☐ Beim Krötenweiher.   **L**

Wie erreichen ihn die Freunde?
- ☐ Sie schicken die Elster mit dem Amulett. **E**
- ☒ Sie fliegen auf dem Drachen Goldschnuppe. **D**

Warum hat Magnolia dem Zauberer das Amulett geschickt?
- ☐ Um ihn vor Unheil zu schützen. **N**
- ☒ Um ihn zu ihrem bösen Diener zu machen. **O**

Lösungswort:

F R I D O

Durchstarten und leichter lesen!

▷ Kurze Sätze
▷ Einfache Sprache
▷ Coole Themen

ISBN 978-3-473-**36141**-0

ISBN 978-3-473-**49170**-4

ISBN 978-3-473-**36139**-7

ISBN 978-3-473-**49166**-7

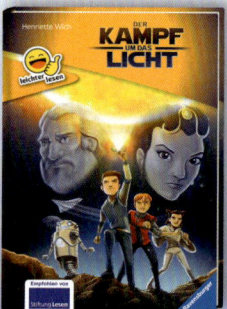

ISBN 978-3-473-**36140**-3

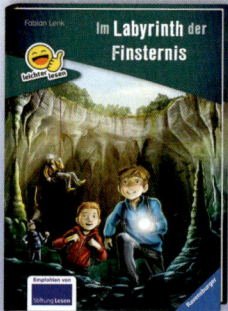

ISBN 978-3-473-**36138**-0

www.ravensburger.de